共同创造亚洲和世界的美好未来

——在博鳌亚洲论坛2013年年会上的主旨演讲

（2013年4月7日）

习　近　平

人　民　出　版　社

共同创造亚洲和世界的美好未来

——在博鳌亚洲论坛2013年年会上的主旨演讲

（2013年4月7日）

习 近 平

尊敬的各位元首、政府首脑、议长、国际组织负责人、部长，

博鳌亚洲论坛理事会各位成员，

各位来宾，

女士们，先生们，朋友们：

椰风暖人，海阔天高。在这美好的季节里，同大家相聚在美丽的海南岛，参加博鳌亚洲论坛2013年年会，我感到十分高兴。

首先，我谨代表中国政府和人民，并以我个人的名义，对各位朋友的到来，表示诚挚的欢迎！对年会的召开，表示热烈的祝贺！

12 年来，博鳌亚洲论坛日益成为具有全球影响的重要论坛。在中国文化中，每 12 年是一个生肖循环，照此说来，博鳌亚洲论坛正处在一个新的起点上，希望能更上一层楼。

本届年会以“革新、责任、合作：亚洲寻求共同发展”为主题，很有现实意义。相信大家能够充分发表远见卓识，共商亚洲和世界发展大计，为促进本地区乃至全球和平、稳定、繁荣贡献智慧和力量。

当前，国际形势继续发生深刻复杂变化。世界各国相互联系日益紧密、相互依存日益加深，遍布全球的众多发展中国家、几十亿人口正在努力走向现代化，和平、发展、合作、共赢的时代潮流更加强劲。

同时，天下仍很不太平，发展问题依然突出，世界经济进入深度调整期，整体复苏艰难曲折，国际金融领域仍然存在较多风险，各种形式的保护主义上升，各国调整经济结构面临不少困难，全球治理机制有待进一步完善。实现各国共同发展，依然任重而道远。

亚洲是当今世界最具发展活力和潜力的地区之一，亚洲发展同其他各大洲发展息息相关。亚洲国家积极探索适合本国情况的发展道路，在实现自身发展的同时有力促进了世界发展。亚洲与世界其他地区共克时艰，合作应对国际金融危机，成为拉动世界经济复苏和增长的重要引擎，近年来对世界经济增长的贡献率已超过50%，给世界带来了信心。亚洲同世界其他地区的区域次区域合作展现出勃勃生机和美好前景。

当然，我们也清醒地看到，亚洲要谋求更大发展、更好推动本地区和世界其他地区共同发展，依然面临不少困难和挑战，还需要爬一道道的坡、过一道道的坎。

——亚洲发展需要乘势而上、转型升级。对亚洲来说，发展仍是头等大事，发展仍是解决面临的突出矛盾和问题的关键，迫切需要转变经济发展方式、调整经济结构，提高经济发展质量和效益，在此基础上不断提高人民生活水平。

——亚洲稳定需要共同呵护、破解难题。亚洲稳定面临着新的挑战，热点问题此起彼伏，传统安全威胁和非传统安全威胁都有所表现，实现本地区长治久安需要地区国家增强互信、携手努力。

——亚洲合作需要百尺竿头、更进一步。加强亚洲地区合作的机制和倡议很多，各方面想法和主张丰富多样，协调各方面利益诉求、形成能够保障互利共赢的机制需要更好增进理解、凝聚共识、充实内容、深化合作。

女士们、先生们、朋友们！

人类只有一个地球，各国共处一个世界。共同发展是持续发展的重要基础，符合各国人民长远利益和根本利益。我们生活在同一个地球村，应该牢固树立命运共同体意识，顺应时代潮流，把握正确方向，坚持同舟共济，推动亚洲和世界发展不断迈上新台阶。

第一，勇于变革创新，为促进共同发展提供不竭动力。长期以来，各国各地区在保持稳定、促进发展方面形成了很多好经验好做法。对这些好经验好做法，要继续发扬光大。同时，世间万物，变动不居。“明者因时而变，知者随事而制。”要摒弃不合时宜的旧观念，冲破制约发展的旧框框，让各种发展活力充分迸发出来。要加大转变经济发展方式、调整经济结构力度，更加注重发展质量，更加注重改善民生。要稳步推进国际经济金融体系改革，完善全球治理机制，为世界经济健康稳定增长提供保障。亚洲历来具有自我变革活力，要勇做时代的弄潮儿，使亚洲变革和世界发展相互促进、相得益彰。

第二，同心维护和平，为促进共同发展提供安全保障。和平是人民的永恒期望。和平犹如空气和阳光，受益而不觉，失之则难存。没有和平，发展就无从谈起。国家无论大小、强弱、贫富，都应该做和平的维护者和促进者，不能这边搭台、那边拆台，而应该相互补台、好戏连台。国际社会应该倡导综合安全、共同安全、合作安全的理念，使我们的地球村成为共谋发展的大舞台，而不是相互角力的竞技场，更不能为一己之私把一个地区乃至世界搞乱。各国交往频繁，磕磕碰碰在所难免，关键是要坚持通过对话协商与和平谈判，妥善解决矛盾分歧，维护相互关系发展大局。

第三，着力推进合作，为促进共同发展提供有效途径。“一花独放不是春，百花齐放春满园。”世界各国联系紧密、利益交融，要互通有无、优势互补，在追求本国利益时兼顾他国合理关切，在谋求自身发展中促进各国共同发展，不断扩大共同利益汇合点。要加强南南合作和南北对话，推动发展中国家和发达国家平衡发展，夯实世界经济长期稳定发展基础。要积极创造更多合作机遇，提高合作水平，让发展成果更好惠及各国人民，为促进世界经济增长多作贡献。

第四，坚持开放包容，为促进共同发展提供广阔空间。“海纳百川，有容乃大。”我们应该尊重各国自主选择社会制度和发展道路的权利，消除疑虑和隔阂，把世界多样性和各国差异性转化为发展活力和动力。我们要秉持开放精神，积极借鉴其他地区发展经验，共享发展资源，推进区域合作。进入新世纪10多年来，亚洲地区内贸易额从8000亿美元增长到3万亿美元，亚洲同世界其他地区贸易额从1.5万亿美元增长到4.8万亿美元，这表明亚洲合作是开放的，区域内合作和同其他地区合作并行不悖，大家都从合作中得到了好处。亚洲应该欢迎域外国家为本地区稳定和发展发挥建设性作用，同时，域外国家也应该尊重亚洲的多样性特点和已经形成的合作传统，形成亚洲发展同其他地区发展良性互动、齐头并进的良好态势。

女士们、先生们、朋友们！

中国是亚洲和世界大家庭的重要成员。中国发展离不开亚洲和世界，亚洲和世界繁荣稳定也需要中国。

去年11月，中国共产党召开了第十八次全国代表大会，明确了中国今后一个时期的发展蓝图。我们的奋斗目标是，到 2020 年国内生产总值和城乡居民人均收入在 2010 年的基础上翻一番，全面建成小康社会；到本世纪中叶建成富强民主文明和谐的社会主义现代化国家，实现中华民族伟大复兴的中国梦。展望未来，我们充满信心。

我们也认识到，中国依然是世界上最大的发展中国家，中国发展仍面临着不少困难和挑战，要使全体中国人民都过上美好生活，还需要付出长期不懈的努力。我们将坚持改革开放不动摇，牢牢把握转变经济发展方式这条主线，集中精力把自己的事情办好，不断推进社会主义现代化建设。

“亲望亲好，邻望邻好。”中国将坚持与邻为善、以邻为伴，巩固睦邻友好，深化互利合作，努力使自身发展更好惠及周边国家。

我们将大力促进亚洲和世界发展繁荣。新世纪以来，中国同周边国家贸易额由 1000 多亿美元增至 1.3 万亿美元，已成为众多周边国家的最大贸易伙伴、最大出口市场、重要投资来源地。中国同亚洲和世界的利益融合达到前所未有的广度和深度。当前和今后一个时期，中国经济将继续保持健康发展势头，国内需求特别是消费需求将持续扩大，对外投资也将大幅增加。据测算，今后5年，中国将进口10万亿美元左右的商品，对外投资规模将达到5000亿美元，出境旅游有可能超过4亿人次。中国越发展，越能给亚洲和世界带来发展机遇。

我们将坚定维护亚洲和世界和平稳定。中国人民对战争和动荡带来的苦难有着刻骨铭心的记忆，对和平有着孜孜不倦的追求。中国将通过争取和平国际环境发展自己，又以自身发展维护和促进世界和平。中国将继续妥善处理同有关国家的分歧和摩擦，在坚定捍卫国家主权、安全、领土完整的基础上，努力维护同周边国家关系和地区和平稳定大局。中国将在国际和地区热点问题上继续发挥建设性作用，坚持劝和促谈，为通过对话谈判妥善处理有关问题作出不懈努力。

我们将积极推动亚洲和世界范围的地区合作。中国将加快同周边国家的互联互通建设，积极探讨搭建地区性融资平台，促进区域内经济融合，提高地区竞争力。中国将积极参与亚洲区域合作进程，坚持推进同亚洲之外其他地区和国家的区域次区域合作。中国将继续倡导并推动贸易和投资自由化便利化，加强同各国的双向投资，打造合作新亮点。中国将坚定支持亚洲地区对其他地区的开放合作，更好促进本地区和世界其他地区共同发展。中国致力于缩小南北差距，支持发展中国家增强自主发展能力。

女士们、先生们、朋友们！

亲仁善邻，是中国自古以来的传统。亚洲和世界和平发展、合作共赢的事业没有终点，只有一个接一个的新起点。中国愿同五大洲的朋友们携手努力，共同创造亚洲和世界的美好未来，造福亚洲和世界人民！

最后，预祝年会取得圆满成功！

图书在版编目(CIP)数据

共同创造亚洲和世界的美好未来——在博鳌亚洲论坛2013年年会上的主旨演讲/习近平. —北京:人民出版社,2013.4

ISBN 978-7-01-011978-6

Ⅰ.①共… Ⅱ.①习… Ⅲ.①习近平-讲话 ②经济发展-亚洲-2013 Ⅳ.①D2-0 ②F130.4

中国版本图书馆CIP数据核字(2013)第076515号

(RMC-ZJDXI-005-20130407)

共同创造亚洲和世界的美好未来

GONGTONG CHUANGZAO YAZHOU HE SHIJIE DE MEIHAO WEILAI

——在博鳌亚洲论坛2013年年会上的主旨演讲

(2013年4月7日)

习 近 平

人民出版社 出版发行

(100706 北京市东城区隆福寺街99号)

北京新华印刷有限公司印刷 新华书店经销

2013年4月第1版 2013年4月北京第1次印刷

开本:880毫米×1230毫米 1/32 印张:0.5

字数:4千字 印数:00,001-10,000册

ISBN 978-7-01-011978-6 定价:2.00元

邮购地址 100706 北京市东城区隆福寺街99号

人民东方图书销售中心 电话 (010)65250042 65289539